STUDIOS

TALMA

**Du même auteur (liste non exhaustive)**

Chez Talma Studios :
– *L'Assemblée des loups, recueil de fables* ;
– *Lettre en vers à l'occupant de l'Élysée.*

Chez Lamiroy :
– *L'Amour après l'amour* ;
– *Pauvre Baudelaire.*

Aux éditions Les Belles Lettres :
– *Le Roman d'Arcanie* ;
– *Éliade ou l'idéale* ;
– *D'amour et de mots* (prix Tristan Tzara).

Aux éditions Fortuna :
– *La fille imaginée ou sonnets à Constance* ;
– *De mémoire amoureuse* (Grand Prix de poésie de la Forêt des livres).

Le Grand Prix de la Société des poètes français lui est attribué en 2007 pour l'ensemble de son œuvre poétique.

ISBN : 978-1-913191-61-0
Dépôt légal : 4e trimestre 2025
Photo de couverture : Pascale Gueret | Dreamstime.com

**Talma Studios**
231, rue Saint-Honoré
75001 Paris – France
www.talmastudios.com
info@talmastudios.com

Francis Lalanne

# MISE EN DEMEURE

Nouvelle édition

En mémoire d'André Chénier

STUDIOS
TALMA

# Préface

« C'est la nuit ; la nuit noire, assoupie et profonde », écrivait Victor Hugo en 1853, en un temps où la République venait de sombrer dans un très lourd sommeil. Celui qui s'empare aujourd'hui de nos institutions ressemble plutôt à un *sfumato* : un effet vaporeux, embrumé, où la clarté du droit succombe peu à peu aux fumées de l'interprétation.

Il est frappant de voir combien le soupçon d'illégitimité qui pèse depuis les origines sur la Vᵉ République s'accuse avec les années et combien les critiques des juristes – peut-être à cause de leurs discordes ou de leurs scrupules – furent impuissantes à prévenir et guérir les dérives constitutionnelles. Nous voici donc parvenus à ce point d'aberration juridique où, de glissements en glissements, les principes fondateurs de notre constitution – régime parlementaire, souveraineté populaire, responsabilité politique – sont vidés de leur sens avec parfois l'assentiment de ceux qui sont supposés les défendre.

Ainsi la République, tout en gardant sa devanture démocratique, s'est-elle muée en monarchie ou en principat. Désormais, le prince règne sans complexe et retourne à son service l'idée même d'État de droit pourtant censée le limiter et non le libérer. Qu'opposer alors à une raison juridique devenue instrument de déraison ? Quelle forme de discours qui ne soit aussitôt absorbée par un grand vacarme récupérateur ? Quel langage sinon celui, créateur, visionnaire et lustral du poète, singulier par nature, contradicteur par vocation ?

Car la poésie est révolte et, dans ses formes classiques, quête de liberté par-delà la contrainte. Elle n'exclut ni la rigueur ni l'argumentation. Et c'est pourquoi chaque époque d'autorité eut ses poètes, ses dissidents inspirés, qui choisissent les chemins de traverse de la langue pour opposer leur conscience à l'usure du discours.

Par ce livre, Francis Lalanne renoue avec la grande tradition de la poésie engagée. Il met son talent au service de la défense des plus hautes valeurs politiques pour rappeler cette vérité première, si souvent proclamée qu'elle n'est plus entendue : la République est « la chose de tous ». Et c'est parce qu'elle est la chose de tous qu'il appartient à chacun de la défendre. Francis Lalanne s'y emploie non seulement – cela ne surprendra pas ceux qui le connaissent – en juriste averti, mais aussi avec la qualité propre du poète, en éveilleur de l'avenir. Dans l'urgence où nous sommes d'un sursaut, on ne peut que lui souhaiter d'être suivi.

Philippe Ségur
Professeur de droit public
Université Via Domitia de Perpignan

# Avant-propos

En l'absence de mandat, les sénateurs élus en 1998 continuèrent à exercer abusivement leur activité parlementaire en participant notamment à deux congrès, le 4 février 2008 (traité de Lisbonne) et le 21 juillet 2008 (réforme de la Constitution). *Voir Annexe 1.*

Cela rend nul et non avenu le vote du Parlement et me pousse à réagir contre l'abus de mandat conduit par l'actuel président de la République. À l'heure où j'écris, l'État français n'est plus un État de droit et le contrat social est rompu. La monarchie de 1958, issue d'un coup d'État avorté par elle-même et baptisée abusivement *Ve République*, a, tout au long de son histoire, révélé à feu doux son caractère strictement tyrannique en fournissant aux élus les moyens prétendument de droit leur permettant de renverser jusqu'aux principes mêmes qui la constituent. Or, à présent, petite flamme devient grande et l'incendie se propage confusément dans la conscience de tous, car le président actuel agit sans masque.

À qui s'adresse une mise en demeure ? À quelqu'un qui est tenu d'exécuter une obligation au titre d'un engagement écrit ou oral, et qui défaille ou manque à cette obligation. Si la mise en demeure n'est pas suivie d'effet, on s'adresse à un juge afin qu'il obtienne de bon droit ce qui n'est pas obtenu de bon gré. À l'heure où j'écris, la personne qui a été élue président de la République française, par la majorité du peuple votant en France, outrepasse purement et simplement les termes de son engagement, et ne remplit pas la mission pour laquelle il a reçu mandat du peuple français. Le président de la République (article 5 de la Constitution du 4 octobre 1958) doit veiller « au respect de la Constitution ». Il n'est donc pas élu pour réviser, selon son bon plaisir, *la forme républicaine des institutions* (en violation de l'article 89, dernier alinéa, de la Constitution en vigueur pendant son élection). En abolissant, par exemple, le principe républicain fondamental de la séparation des pouvoirs ou de la souveraineté absolue du peuple français, le président de la République agit en monarque, et non en protecteur des institutions. Il doit présider la République et non son parti. Son arbitrage est le garant « du fonctionnement régulier des pouvoirs publics ainsi que de la continuité de l'État, de l'indépendance nationale, de l'intégrité des territoires et du respect des traités ». S'il est partie, il ne peut plus être juge. S'il conduit la politique, il ne peut l'arbitrer. Il agit en contravention de l'article 5 de la Constitution en vigueur pendant son élection et rompt abusivement et unilatéralement le contrat social en usurpant le titre qui préside à sa fonction. Comme l'imposent les articles 20 et 21 de la Constitution, c'est au gouvernement et non au président de déterminer et de conduire la politique de la Nation. Pour cela, le gouvernement dispose, « de l'administration et de la force armée. Il est responsable devant le Parlement de ses choix et de sa gestion suivant des règles définies par les articles 49 et 50 », dont aucun ne présente le président de la République comme celui qui doit décider des choix du gouvernement. Faire du président de la République le chef du gouvernement, c'est réviser la forme républicaine de la Constitution, ce qui est interdit par la Constitution elle-même. C'est faire justement ce que doit empêcher le président de la République. Or, l'actuel président, non content de ne pas garantir le pays contre de tels abus, est lui-même le fauteur du trouble, et requiert pour s'en donner le droit la complicité de la représentation nationale et celle du Conseil d'État. La France n'est donc plus à ce jour un État de droit ni une république, mais une monarchie constitutionnelle dont on peut se demander aujourd'hui si elle restera longtemps encore élective.

En effet, vu le peu d'attention accordé par l'actuel président aux questionnements populaires et à la grogne sociale, on peut légitimement se demander si, en cas de soulèvement populaire contre le mépris affiché des élus de la majorité pour la revendication citoyenne, le président n'a pas secrètement l'intention d'invoquer en dernier recours l'article 16 de l'actuelle Constitution (*cf. Annexe 2*) lui permettant de promulguer la loi martiale.

J'imagine volontiers aujourd'hui que, si le président subissait une trop forte pression du peuple français, il n'hésiterait pas à user de cet article pour poser définitivement sur son front la couronne de l'empereur en l'arrachant des mains du peuple, comme Napoléon Bonaparte le fit de celles du pape Pie VII. C'est le danger qui guette, hélas, aujourd'hui la population française en cas de crise ; et c'est, je le crains sincèrement, ce que la logique de l'actuelle Constitution poussera le président à faire si l'agitation sociale atteint le point de non-retour. L'article 16 est, parmi d'autres, l'un de ces articles donnant aux présidents de ladite Ve République bien plus de pouvoir que n'en eurent jamais les rois de France : combien de Français en sont-ils conscients aujourd'hui ?

Où allons-nous désormais si les élus peuvent rallonger leurs mandats et augmenter leurs salaires à volonté, si l'exécutif est en charge du pouvoir législatif et si le judiciaire renonce à son indépendance ?

Il faut que le gardien des institutions fasse le travail pour lequel il a été élu au lieu d'agir en monarque, sous peine de contraindre le peuple à son droit insurrectionnel.

« La poésie est dans la rue », disait Léo Ferré, mon ami et mon maître. Ce livre est l'expression directe de cette pensée, car le rôle du poète n'est pas de faire diversion pour permettre au pouvoir d'abuser impunément de ses prérogatives. La voie poétique est celle de la voix ; de la voix citoyenne : celle qui vote ou celle qui dénonce ; celle qui agit, comme dans l'étymologie du mot *poésie* même ; celle qui, dans la rue, traduit la volonté du peuple. Ce n'est pas un hasard si Platon exclut le poète de la Cité et si, de nos jours une certaine presse veut exécuter médiatiquement le poète lorsqu'il dit « la vérité » : c'est parce que les goulags du libéralisme régnant se nomment l'exclusion, la dérision et, bien sûr, la censure.

Le terrorisme d'État s'exprime par l'éradication ou la corruption du monde intellectuel. Plutôt que d'emprisonner les dissidents ou de les assassiner, on les ridiculise ou on les achète : comme cela, au moins, on n'a pas à les subir encore après leur mort, comme martyrs ou, pire, comme symboles des révoltes à venir. Cependant, la parole est comme le sable : plus on veut l'enfermer dans une paume, plus ses grains coulent, s'échappent à travers l'espace interstitiel des doigts resserrés. De même pour la parole entre les mailles du pouvoir : quand elle est prise, paradoxe, elle est libre à jamais. Lorsque le mot est dit, nul ne peut plus le contraindre. Il faut que la parole joue à nouveau son rôle dans notre société, et qu'elle guide l'action sur le pavé des rues. Il faut que la poésie soit là où elle se doit d'être. J'ai tenté toutes les formes amiables de négociation avec le pouvoir. Je n'ai obtenu pour seule réponse que des fins de non-recevoir.

Je me vois donc contraint de tirer ma plume du fourreau, comme il convient au publiciste quand la poésie est vidée de son encre comme un corps de son sang. Le peuple français doit désormais se retrouver dans son Histoire à la place qui est la sienne, et restaurer la république. Il faut que ce chant soit celui du départ, et la sommation de rigueur, qui, en l'absence de réponse, oblige le peuple à son droit de résistance à l'oppression (article 2 de la Déclaration des droits de l'homme et du citoyen de 1789, annexée à la Constitution du 4 octobre 1958). Dire cela est la mission du poète qui se respecte et du républicain moyen, c'est-à-dire du citoyen. J'appelle à la mobilisation générale du peuple et de ses représentants unis pour que soient respectées les bases du contrat social. J'appelle le pouvoir des juges à user de son droit de veto, et non plus de caution ou de refuge au saccage des idéaux. J'arrête en vers ce coin de prose

Pour qu'il mène l'âme à l'action.

Qu'on soit du Lys ou de la Rose,

On est enfant de la nation.

La République nous appelle

À faire la révolution.

À coups de pioche, à coups de pelle,

À restaurer ses fondations.

Soyons des Français responsables,

Défendons nos institutions,

Ne les laissons plus sur le sable

S'effacer à coups de motions.

Quant à moi, avant tout procès,

Je veux épuiser les recours

Que la France donne aux Français

Quand le pouvoir les prend de court.

En m'adressant au président
Pour lui rappeler sa mission,
Je remplis celle du mandant
Qu'est le citoyen en fonction.
Et je termine ma préface
En m'adressant tout bonnement
À lui, aussi directement
Que si je lui parlais en face :

« S'il advenait, malgré l'effort
De nos pères, que l'emportât
Au nom de la raison d'État,
Hélas, la raison du plus fort,
J'espère, avant l'insurrection,
Que la voie qui l'emportera,
Monsieur le Président, sera
La voie de la conciliation.
Voilà pourquoi sur tout cela,
Même s'il faut que j'en pâtisse,
*J'attends,* Monsieur, comme Zola
L'écrivit un jour : la justice.
Et, de vous en particulier,
Que vous cessiez de la spolier. »

Francis Lalanne.
mercredi 4 février 2009,
place Dauphine, à Paris.

## Attendus

Monsieur, si je puis me permettre,
Et même si je ne le puis,
Je dis qu'il ne faut plus admettre
Ce que la France admet depuis
Que la République lui ment ;
Qu'il ne faut plus la compromettre
Ainsi par son gouvernement.

La République où vous régnez
A tissé comme une araignée
Sa toile au point de non-retour
Dans les abus qu'elle commet.
Vous voici donc à votre tour,
Ayant gagné les élections,
Le responsable désormais,
Celui qui est en position,
Premier serviteur de la France,
De faire ou non la différence.

C'est donc à vous, avant procès,
Monsieur, que je veux m'adresser
En invoquant par mon discours,
La République des Français.
Voyant le peuple pris de court
Au détriment de la nation,
Je veux faire avant tous recours,

Réserves et protestations.
La République dont je parle
N'est pas, non, celle du grand Charles,
Qui tient la France en monarchie,
Mais celle dont l'institution
Prend corps dans la Déclaration
Des Droits que votre ordre infléchit,
Droits de l'homme et du citoyen
Servant aujourd'hui de prétexte
À un pouvoir politicien,
Sans foi ni loi, sans queue ni texte,
Dont l'ordre de faire, en effet,
Vaut pour tout, sauf pour ce qu'il fait,
Un pouvoir dont les mots déguisent
La double hache qui s'aiguise,
Dont on veut faire des licteurs,
Aujourd'hui les seuls électeurs,
En mettant l'esprit qui diverge
Au vert dans un faisceau de verges,
Un pouvoir qui dit ne pas l'être,
Mais n'a pas de contradicteur,
Un pouvoir qui lit dans sa lettre
L'inverse du mot de l'auteur...
Je détaillerai plus longtemps
Ce que j'en pense dans un livre
Que je publierai au printemps
Et dont ici je ne vous livre
Que la première indignation :

Celle qui touche à vos fonctions.
Ce n'est pas à vous que je parle :
C'est à vous dans votre mission,
Et choisis de passer par le
Monde ouvert de la création,
Puisque votre porte se ferme
À ceux qui ne vous disent oui.
À la ville comme à la ferme,
Nombreux pourtant sont aujourd'hui,
Hélas ! par désenchantement,
Par peur, ou par épuisement,
Ceux qui subissent mais se taisent.
Je m'accuse pareillement
D'avoir gardé les charentaises
Aux pieds de mes vers trop longtemps,
D'avoir été, me révoltant,
Parfois trop politiquement,
Pire, trop poétiquement
Correct avec le monde en place,
Oubliant qu'un fou se déplace
Aux échecs, diagonalement.

Que la fourmi donc soit fort aise :
La cigale prend les devants,
Elle a troqué les charentaises
Contre les semelles de vent.

Elle a mis les bottes pour faire
Vers les responsabilités

Ce premier pas qui la défère
Au parquet de la société.
Cette cigale pleinement
En assume les conséquences
Et les mesure en connaissance
De la cause qu'elle défend.
C'est sans haine qu'elle se fend,
Monsieur, de cette lettre ouverte,
Et c'est avec ses compliments,
Qu'en vers vous est la lettre offerte.
Cette cigale que je suis
Veut chanter ne vous en déplaise
Ce que ma plume comme suit
A sur le cœur, et sur la braise.
Je vous dois des remerciements
Comme on le fait en fin de thèse,
Car c'est suite à vos errements
Que j'ai mis entre parenthèses
Ma vie d'artiste pour oser
Politiquement proposer
Le retour à la République,
Et porter en place publique
Le débat dont je veux gloser.
Si je m'adresse à vos galons,
Ce n'est pas à votre personne.
Qui que vous soyez, c'est selon
Là où j'écris, là où je sonne,
Le nom n'est rien qu'une mention.

Vous êtes l'administration,
Vous êtes l'illustre anonyme,
Et pour moi, votre patronyme
Ne peut être que président.
J'aurais pu dire aux précédents
Exactement la même chose :
Qu'ils parlent au nom de la rose
Ou de l'engrais qu'on met dedans.

Je vais donc à votre guichet
Comme l'on se rend à la poste
Où le nom n'est pas affiché
Du fonctionnaire en place, en poste,
Adresser ma réclamation
À qui de droit, dans sa fonction.
Puisqu'il faut donc vous « amortir »,
Ne parlons que de vos services.
Certains voient dans l'opposition
L'épine à la rose trémière,
Et condamnent la discussion
Comme l'on éteint la lumière ;
Je ne mange pas de ce pain,
Ni vois même en vous ce Jupin
Lanceur de foudre et de tonnerre.
Je m'adresse à ce fonctionnaire
Que vous êtes, ce délégué
Du peuple, et je vous exonère
Des salaires que vous briguez

Au nom de ceux qui vous engagent,
Vous faites augmenter vos gages
Avant de vous soucier des leurs.
*Ego primus* dit le seigneur
À son royal aréopage.
Est-ce vraiment ce que du sage
On attend ? Ou du serviteur ?
Mais qui s'en soucie au passage
Si les deux sont à la hauteur ?

Que sert d'avoir maille à partir
Au fond sur le coût de l'office ?
Puisqu'il nous faut les amortir,
Ne parlons que de vos services.
Je dis que l'avis du payeur
Vaut bien celui du conseilleur,
Et que pour être un électeur
On n'en est pas moins le porteur
D'une vérité citoyenne :
Elle vaut la politicienne,
Comme la raison vaut le cœur.
De chaque côté des remparts,
Chacun son lot, chacun sa part :
La mienne est aux gens du voyage,
La vôtre est celle du pouvoir,
Mais la nôtre est dans cette page
Qu'il faut remplir avec devoir.
Le peuple n'est pas l'équipage

Du vaisseau, mais son armateur.
L'élu chargé par l'électeur
D'en transporter la cargaison,
Je vous reconnais ce courage,
Mais à tort, malgré vos raisons,
En changeant l'ordre de mission,
Vous pourriez conduire au naufrage,
La République en perdition.

Souffrez que, restant dans mon rôle,
En tant que simple citoyen,
J'exerce mon droit de contrôle
Sur l'État, et sur ses moyens,
Donc, cela me semble évident,
Sur vous, Monsieur le Président.

Si haut soit le point qu'il gravisse,
Le Président est au service
De la nation qu'il administre :
Le Président est un ministre
Du peuple, il est un serviteur
Aux ordres de ses électeurs.
Ministre veut dire instrument,
C'est étymologiquement
L'agent d'un service : il est temps
Qu'il tienne son rôle d'antan
Et sa place, en s'y remettant,
Qu'il redevienne serviteur.

Ceci posé, cela étant,
Je veux, Monsieur le Président,
Remettre à zéro les compteurs :
Vous êtes élu, cependant,
La nation ne peut pas avoir
À travers vous de vrais pouvoirs :
Il faut les lui rendre, Monsieur.
Au nom des soldats de l'an II
Et de vos parents, vos aïeux,
De ce mandat qui vous vient d'eux,
Rendre à la nation ses pouvoirs,
C'est là votre premier devoir,
Et c'est l'objet de ma supplique.
Remettez donc, je vous en prie,
Les choses dans l'ordre et l'esprit
Qui fonda le mot République,
Car c'est aux élus de porter
La parole et la volonté
Du peuple, autant que son action.
C'est dans ce but que la nation
Prévoit dans la Déclaration
Des droits de l'homme l'adoption
D'une contribution publique :
C'est pour financer la gestion,
Garantir la préservation
De ses droits dans la République.
De ses droits et de ses devoirs ;
De toutes ses prérogatives,

À commencer par l'élective
Qui fonde et forme son pouvoir.
Il faut suivre les directives
Que le Peuple Roy initie,
Et non faire de l'inertie
Un garant de démocratie.

Il faut que la France choisisse,
Désormais, entre liberté
Conditionnelle ou exercice
De ses droits dans la société.
Il ne faut plus qu'Elle s'adonne
À ce culte de la personne,
À ce régime artificiel
Des paradis présidentiels.
Marianne n'est pas la madone,
Ni par mandat venu du ciel
L'élu, l'être providentiel.
Vos pouvoirs ne sont pas magiques,
Il n'est pourtant rien d'illogique
Dans votre soif de dominer.
C'est, n'en déplaise aux nostalgiques
Du Général, la Destinée
De l'abus de gouvernement
Que porte en germe la Cinquième
République, et dont le moment
Vient de résoudre les problèmes
Qu'elle traîne avec son passé,

Le premier étant le fossé
Entre ce qu'elle est et prétend,
Entre la Loi qu'elle a faussée,
Et sa vérité dans le temps.
Si la France veut un monarque
Ou un régime d'oligarques,
Qu'elle l'exprime clairement.
Et que l'on cesse aveuglément
De faire adorer les reliques
D'une vérité qui se ment
À elle-même, ou se complique.
Va pour le Despote éclairé
Si c'est la volonté publique.
Et que l'on tire alors un trait
Sur l'idéal républicain.
Va pour le règne des coquins,
Des faquins, mais pas du mensonge,
Car c'est le mensonge qui plonge
Tout système dans le chaos.
Peu importent les idéaux :
Si le peuple veut des requins
À la tête des poissons rouges,
Que l'eau change, et les lignes bougent
De l'aquarium républicain,
Mais qu'à la fin des conférences
Autour de la chose publique,
On dise encor « Vive la France »,
Et plus « Vive la République ».

Qui veut en France extrapoler
Nationalisme et socialisme
Au point de vouloir les mêler
Dans l'idéal, par le charisme
Et l'aura du maître à guider ?
L'Élu qui change solipsisme
En droit devin de présider
Me fait craindre ce mot en « schisme »
Qu'il ne faut plus laisser passer.
(La bête rôde et va rôdant
Si l'on cesse de la chasser).
Ne donnez pas à prononcer
Ce mot, Monsieur le Président.
Si le peuple vous a voulu,
Ce n'est pas comme roi de France ;
Si le peuple vous a élu,
C'est pour mériter sa confiance,
Pour faire cesser l'imposture
Qui, sous le couvert du mandant,
Fait d'un Roi prendre les postures
À l'élu nommé Président.

Je fais vers vous le premier pas
Au nom de ceux, par la présente,
Que ma plume ici représente ;
Mais si vous ne m'entendez pas,
Alors le peuple ira lui-même,
Ayant fait le même constat,

Remettre en place le système
Et, pour sa gouverne, l'État.

Respectez la voix populaire,
Ou le peuple, vous détrônant,
Usera du droit séculaire
De chasser le contrevenant.
Le peuple ira, au grand complet,
Rétablir une République
Garantissant les droits civiques,
Et ceux de l'Homme s'il vous plaît.

On prétend que vous nourrissez
L'ambition de gouverner seul
Et de n'avoir à caresser
Marianne que dans son linceul ;
Je vous suggère d'éveiller
La Belle comme d'un baiser
Pour qu'en bon prince vous soyez
Enfin digne de l'épouser.

Je vous le dis comme un poète
À vous qui êtes un guerrier :
S'il faut verser dans l'encrier
Mon sang pour que le mal s'arrête,
Je le ferai sans sourciller.
Et veux bien me faire étriller,
Me faire accuser de la rage

Comme le chien qu'on veut noyer.
Il me reste un peu de courage
Encore, et de mots pour crier.

Je ne crains ni Catilina,
Ni les intérêts patriciens,
Ni les proconsuls de l'ENA,
Ni Antoine et ses miliciens.
Et comme, avant moi, Cicéron,
Levant le mot contre la main,
Le fit, dénonçant les affronts
À la patience des Romains,
Je vous demande sur un ton
Plus respectueux que le vôtre :
Combien de temps, jusqu'où va-t-on
Supporter des uns et des autres,
De vous-même, ou de vos soldats,
Encore l'abus de mandat,
Et l'absence de résultat
À la conduite de l'État ?

Lorsque vos généraux en chef
Prétendent qu'ils sont pris de court,
En oublieraient-ils derechef
Qu'avant d'être de votre cour
Ils étaient d'une autre où vous-même
Avez agi pour un système
Dont ils se plaignent d'hériter ?

Oublieraient-ils qu'en vérité,
Ils régnaient déjà sur la France
Avec vous, sous la présidence
Dont vous êtes le successeur ?
Ce, pendant plus d'un quinquennat,
Et que votre prédécesseur
Est celui qui vous parraina,
Que cela fait plus d'un mandat
Que vous avez pris vos services,
Et demi s'il faut « à *dada* »
Compter vos années de nourrice,
Et que vous êtes responsables
De cette gestion impossible
Dont vous voudriez sur le sable
Effacer la trace, impassible.

Je vous demande au nom de ceux
Qui vous ont donné la gérance,
De ne pas abuser, Monsieur,
De la confiance de la France,
De ne plus garder l'eau qui bout
Sur le feu de sa conscience,
Et de ne pas pousser à bout
Ce qui lui reste de patience.
Assez de gesticulations,
D'intimidations cathodiques,
Assez de ces provocations
Et invectives fatidiques.

Cessez votre utilisation
Abusive autant qu'impudique
De la puissance médiatique
Par une surexposition,
Ce n'est ni votre attribution,
Ni votre rôle politique,
Ce n'est pas non plus la mission
Que vous confie la République.

La France veut-elle égaler
Votre modèle américain
Et voir en vous le roitelet
« Démocrate » ou « républicain » ?
Est-ce bien là sa volonté
Ou bien la vôtre qui s'exprime ?
La France qui veut le rester
Ne souhaite pas qu'on la supprime,
Ou peut-être ai-je mal compris
Depuis le banc de mon école
Ce que la France m'a appris
En me chantant sa carmagnole.

Cessez donc de vous ériger
En Grand Manitou protecteur,
Vous n'avez pas à diriger
L'existence des électeurs.
Et, pour être le conducteur
Du véhicule de l'État,

Vous faites tourner son moteur,
Mais il ne vous appartient pas.
Le chauffeur est celui qui va
Où le maître lui dit d'aller :
Le maître, c'est le peuple, et là
Où il vous le dit, vous irez.

Ne criez plus quand vous venez
À la Rue qui vous interpelle
Que c'est à vous et pas à elle,
Étant l'élu, de gouverner.
La Rue, c'est le peuple. Veillez
À n'en point franchir l'Achéron,
Car l'élu est un employé
Du peuple : il n'est pas le patron.
Ne croyez pas qu'en divisant,
On règne longtemps sur le monde.
Tartuffe montre, en trop faisant,
Le côté de sa face immonde.
Ceux qui se voient plus forts que ceux
Qu'ils prétendent manipuler
Finissent bien souvent, Monsieur,
Par être eux-mêmes refoulés.

Nul ne défend la Liberté
Par des règles liberticides.
Nulle présidentialité
Ne sera celle qui décide

Tant que la France votera :
Le peuple l'en empêchera.
Et le moment venu, saura,
Comme il le fit toujours en France,
User de son droit d'ingérence
Dans les affaires de l'État.
Le peuple qui vous crédita
Vous retirera sa confiance,
Et sur vos désidératas
Lâchera les chiens de faïence.
Du Capitole, vous irez
Jusqu'à la roche Tarpéienne
Purger l'incontournable arrêt
De la vindicte citoyenne.

Si le peuple en votant pour vous
Avait choisi le dictateur,
Sans être un de vos électeurs,
Je verrais en vous, je l'avoue,
Tel qu'en vous-même, au demeurant,
Un très acceptable tyran
(Certainement pas l'un des pires
À faire valoir son empire...),
Mais, au nom de la République,
Au nom de la démocratie,
Vous ne pouvez pas en pratique
En présidant, régner ainsi.
Comme le disait en son temps

Celui qui vous a dérouté,
Je vous demande, en l'imitant,
À présent, « de vous arrêter ».

Votre vision est répressive,
Et votre gestion compulsive ;
Parce que par trop directive,
Votre attitude est destructive :
Cessez donc de surenchérir.
Si vos lois ne sont qu'oppressives
Et votre police agressive,
Vous préviendrez, mais sans guérir,
Un mal qui ne fera que croître :
Celui que le peuple opiniâtre
Voudra rendre et par coups férir.

En confisquant ainsi la France
Pour vous conférer sa puissance,
Vous ne lui faites pas du bien :
Vous prêchez pour une régence
Dont la républicaine engeance
N'a que trop souffert, oh combien !

La France n'est pas sous tutelle :
Elle est une démocratie
Qui veut le rester, vous dit-elle,
Et refuse l'autocratie.

Il y a deux sortes de liens :
Ceux que l'on noue, ceux qui entravent.
Une République ne tient
Que par les premiers, se déprave
Quand elle impose les seconds,
Et sort le peuple de ses gonds.
Aimez les justes et les braves.

Il ne faut plus mettre en balance
La sagesse et « la crainte de... »,
Car la peur du gendarme est le
Commencement de la violence.

Et le mépris du peuple est, dans
Les mains du pouvoir décadent,
Le sceptre le plus dégradant
Qui soit, Monsieur le Président.

Le 10 février 2008,
Dans une allocution confuse
Dont le ton ressemble à celui
Dont on use pour faire excuse,
Vous invoquez, vous justifiant
(On se demande bien pourquoi),
La raison qui fait que la loi
A été votée ratifiant
Le cadre juridictionnel
Du traité constitutionnel

Renommé « traité de Lisbonne » ;
Même si bonne est l'intention,
La raison, hélas, n'est pas bonne.

Vous soutenez que ce traité
Tel qu'il a donc été voté
« Conservant les dispositions »
De celui qu'il doit simplifier,
N'est pas une Constitution.
Mais nonobstant vous qualifiez
Vous-même ses « dispositions »,
Je cite « d'institutionnelles »,
Ce qui leur donne la caution,
La face de l'institution,
Donc valeur constitutionnelle.
On se demande bien comment,
D'ailleurs, démocratiquement,
Il pourrait en être autrement.

Comment nommer l'institution
Qui n'a point de Constitution ?
Quel serait cet ordre martial
Dépourvu de contrat social ?
N'est-ce pas celui justement
Que la République dénie
Lorsque par son avènement
Elle abolit la tyrannie ?

Il s'agit donc bien d'un traité
À valeur institutionnelle
Et dont l'Europe s'est dotée
À des fins constitutionnelles,
Tenant sa légitimité
Du fait de la chose votée :
Pourquoi prétendre le contraire ?
Craignez-vous qu'il soit constaté
Que vous tentez de vous soustraire
Aux lois que vous représentez ?
Y a-t-il un pouvoir tutélaire
Et d'institution spontané
Au-dessus du mandat donné
Par la volonté populaire ?
En vous drapant des libertés
Du seul pouvoir parlementaire,
Craignez-vous quelques commentaires
Sur celles que vous occultez ?

L'institution républicaine
N'est pas le droit divin des Roys
Fondant la raison souveraine
Sur le tyran qui fait la loi.
Sans donc les jeter aux géhennes,
Parlons des lois que vous prônez.
Parlons des lois européennes :
Sont-elles des lois erronées ?

Au nom des vœux communautaires,
Sans doute pieux communément,
Vous proclamez le Parlement
Et les auteurs d'un document
Constituants et signataires,
Sans qu'aucun de ces prestataires
Cooptés ou parlementaires
Ne soit mandaté pour le faire
Par la volonté populaire.
Ce point est en contravention,
Monsieur, avec la convention
Européenne sur les Droits
De l'homme en son article trois,
Protocole numéro 1.
Ce protocole européen
Ayant aussi force de loi,
Nul ne peut l'ignorer, je crois.
Mais vous passez outre, Monsieur,
Et provoquez un contentieux
Qui ne peut que nuire à la cause
Que vous défendez. Autre chose :

Vous dites dans votre discours
Que l'Europe, prise de court
Par les refus de ratifier
De la France et de la Hollande,
A décidé de modifier
Le Traité selon leur demande,

Tout en ménageant de côté
Les partisans dudit Traité.

Mais qui donc a identifié
La demande des deux nations
Comme étant celle, certifiée,
De voir le Traité « simplifié » ?
En lisant votre allocution,
On peut répondre à la question :
C'est le scrutin conditionnel
D'un suffrage provisionnel
Inventé ici pour la cause,
Qui se serait donc exprimé
(Comme votre discours l'expose),
Pour adopter, sans le nommer,
Ce traité constitutionnel :
Nous sommes dans l'irrationnel.
Ce plébiscite virtuel,
Auquel vous faites allusion,
Serait devenu factuel,
Aurait emporté décision,
Je vous cite, en « Ne conservant
Que les dispositions... » pouvant
Devenir « institutionnelles »,
Puisque, selon vous, ce sont elles
Qui « Avaient paru recueillir
Un CONSENSUS... » dit « Assez large »
Lorsque la France avait en charge

Le vote du « Référendum… »
C'est donc ce qui vous « Paraît » comme
Un « assez large consensus »
Que vous voulez placer en sus
Juste au-dessus des Droits de l'Homme ?
La voix qu'on entend n'est plus celle,
En France, qui fonde la Loi.
Aujourd'hui, Jeanne la Pucelle
Irait voter comme de droit,
Et pour qu'un vote soit certain,
Que sa valeur soit unanime,
Seul comptera le bulletin
Que l'on met dans l'urne, anonyme.
Assez donc de ces vérités
Qui ne sont que démagogiques :
Ce que vous donnez à voter
N'obéit qu'à votre logique.

Ce que modifie ce Traité
N'est pas le texte réfuté
Par la Hollande et par la France,
Mais sa forme et, vous le savez,
Seule a changé son apparence
Pour qu'elle puisse être sauvée.
La mission de la C.I.G.,[1]
Vous le savez également,
Ne fut jamais de rédiger

1. Commission intergouvernementale.

Un traité de remplacement
Fondé sur des amendements,
Mais d'introduire à l'intérieur
« Des deux grands traités fondateurs
En vigueur », « les innovations »
(Je cite l'ordre de mission) :
« Les innovations découlant
Des travaux de la C.I.G.
De 2004... » donc mal an
Bon an, le texte originel
Du traité frappé de rejet.
Seul donc sera abandonné
« Le concept constitutionnel,
Qui consistait à abroger
Tous les traités » dits « actuels »,
« Pour les remplacer », les changer
« Par un texte unique appelé
Constitution » et libellé
Par tous les membres comme tel.
Le « concept » étant rejeté,
Il fallait donc faire adopter
Le contenu de ce Traité
Par un vote institutionnel,
Donc le moins arbitrairement
Possible : par les Parlements.

Mais aux dires même de ceux
Qui en furent les rédacteurs

Le contenu reste, Monsieur,
Celui dont la France a eu peur,
Celui auquel elle a dit « Non »,
Et auquel vous donnez raison.
Le Traité que vous ratifiez
N'est pas le Traité simplifié
Qu'avant d'être élu Président,
Vous définissiez, dans l'Histoire,
Comme le texte transitoire
Vers un projet lui succédant :
C'est le vin tiré d'un tonneau
Que l'on verse dans deux bouteilles ;
Si le contenant est nouveau,
La contenance, elle, est pareille.

Hélas ! quand le vin est tiré,
Il faut le boire, en vérité,
Mais ce vin-là ne dira vrai,
Que s'il cesse d'être « Traité ».

Pardonnez-moi de corriger
Votre discours et de poursuivre,
Mais comme beaucoup je suis ivre
De colère sur le sujet,
Car, à présent, le mal est fait :
Le peuple a été déjugé.
Sans en mesurer les effets,
On a mis le texte en deux livres

Et le texte reste inchangé.
Je ne cite ici que les faits,
Mais c'est le peuple ainsi qu'on livre,
Pieds et poings, à la C.I.G. !

Vous dites vous-même, je cite :
« Qu'il ne pouvait être question »,
(Ce qui de droit est implicite
Et ne peut pas être exigé),
De demander à deux nations,
Deux peuples de « se déjuger ».
Cela change-t-il pour autant
Si ce sont les représentants
Du peuple qui pour la manœuvre
Exécutent les hautes œuvres ?
Le peuple en est-il moins grugé ?
Ne faut-il pas s'interroger
Sur les causes, sur les dangers
D'une République où l'élu
Vote contre ses électeurs ?
Dans l'Histoire n'a-t-on pas lu
Qu'ainsi naissent les dictateurs ?

J'appelle les représentants
Actuels du peuple français
À se ressaisir, il est temps,
Pour faire obstacle à ces excès.
Et vous, Monsieur le Président

Actuel de la République,
Inféodant en la bridant
La marche du peuple français,
Je vous demande de cesser
Le jeu de vos actions obliques :
De respecter l'autorité
Du peuple lorsqu'il a voté.

(Que dire de l'opposition
Qui jusque-là faisait campagne
Contre votre proposition,
Et désormais vous accompagne
Par le vote de désertion,
Car c'est à l'opposition même
Que vous devez vos trois cinquièmes,
Par elle que vous l'emportez
Contre la France ayant voté.
Peut-on dire encor pour la peine
Que la France est représentée ?
Je dis moi que la coupe est pleine
Et que le vin est frelaté.
Je rappelle à ceux qui s'abstiennent
Que leur devoir est de voter.

La France, elle, de son côté,
N'aura jamais changé d'avis.
Ne comparons que les scrutins
Comparables : je vous convie

À ne pas confondre celui
Qui propose un deuxième tour
Avec celui où l'on dit « Oui »
Ou « Non » au premier sans retour.

Au premier tour vous avez eu
30 % des voix françaises :
C'est-à-dire ni moins, ni plus
Que le Traité, ne vous déplaise,
Que les Français ont rejeté.
Quant aux 70 %
Qui votaient pour vos adversaires,
Leurs voix forment en s'unissant
Le chœur de ceux qui s'opposèrent
Au Traité qu'ils ont éconduit :
C'est donc à vous qu'ils ont dit « Oui »,
Au second tour, pas au Traité.
Au premier tour, on va voter
Pour, contre, mais, en porte-à-faux,
On vote au second par défaut.

C'est au premier tour que l'on sait
Ce que pense en France un Français.

Idem pour les législatives,
Où nombre des représentants
Qui vous ont dit « Oui » ou bien blanc,
Furent élus sur un programme

Dont ils viennent de vendre l'âme.
Passons, je reviens sur vos thèses
Et ferme ici la parenthèse.


Vous avez donc bien fait voter
Le Parlement pour un Traité
Que la France avait écarté
Par un suffrage sans appel,
Et de droit constitutionnel.
Pourquoi avez-vous fait cela ?
Pourquoi ? En voici la raison :
Elle est mauvaise, et j'y réponds,
Je voulais en arriver là.
La raison que vous invoquez
Dans votre discours est dictée
Par un mot : L'EFFICACITÉ.


Ce mot qui me glace d'effroi,
Ce mot que vous revendiquez,
N'a pas sa place encor, je crois,
Sur le fronton de la mairie,
Et bien s'en porte la Patrie.


Sur le blason, à Liberté
Égalité, Fraternité,
Sûreté, et Propriété,
Après le droit de résister,
Faut-il donc vraiment ajouter

Aujourd'hui Efficacité ?
Pas au détriment de l'accord.
Car c'est bien l'accord, il me semble,
En Démocratie qui prévaut.
Que ce soit à raison ou tort,
On gagne ensemble, on perd ensemble,
Mais on reste, à tous les niveaux,
Solidaires dans la victoire
Ou l'échec, une affaire faite.
Tout choix d'un seul fut dans l'Histoire,
La pire victoire ou défaite.

Pour convaincre vos partenaires,
Vous vous êtes donc engagé
À ne rendre décisionnaire
Que la chambre,
À faire abroger
Du peuple la voix souveraine,
À faire approuver le projet
De Traité par des voix certaines.
Et le Parlement a voté
Contre lui-même, déjugé
La patrie une et souveraine,
La France sans la consulter,
Au nom de l'Efficacité.
Vous avez été efficace :
Le Traité est donc adopté,
Mais à quel prix ? Qu'en reste-t-il ?

Une République à la casse,
Et une Europe sur le fil.

De quel droit voulez-vous ici,
Sans respect pour le Peuple Mère,
Lui chanter la démocratie
Sur le ton du 18 Brumaire ?
Imposer vos seuls arguments
Sans que plus rien ne les modère,
Et le veto du Parlement
Aux décisions référendaires ?

Vous qui avez été choisi
Par la volonté populaire,
Voulez-vous dire au peuple ainsi
Qu'il n'est plus le décisionnaire ?
Et que c'est vous seul désormais
Accompagné de vos fidèles
Qui serez pour tous les Français
Le seul suffrage universel ?

Si le vote de la Nation
Peut être sujet à caution,
Que dire de votre élection ?
Pourquoi n'en pas faire abstraction,
Et voter son annulation
Par simple voie de pétition ?
Ou par vote parlementaire :

Si, pour le bien de la Nation,
Face à l'abus de position,
Majorité, opposition,
Formaient un front protestataire ?

Ceci est gravé dans l'airain
Des lois qui vous ont fait élire :
Si le peuple est le souverain,
L'élu ne peut le contredire.

Et peu importe alors l'enjeu
Qui procède au référendum :
Jeter la voix du peuple au feu,
C'est y jeter les Droits de l'homme.
Faire cela, c'est falsifier
Le vote après son résultat ;
C'est tricher ; pire : sacrifier
L'électeur à des potentats.
C'est publiquement se défier
D'un peuple jugé immature ;
C'est amorcer la dictature,
En recourant au coup d'État.

Le peuple n'est pas un enfant
À qui l'on doit apprendre à lire :
S'il est assez grand pour élire,
Pour voter il est assez grand.

C'est détourner la République
Que de désavouer les siens,
Priver la puissance publique
De son droit, donc, de ses moyens.

Qu'il soit le texte originel
Ou bien un traité retraité,
Le texte constitutionnel
Que la France en majorité
En votant « Non » a refusé
Ne pouvait être crédité
Que par le peuple de la France,
Ne devait pas être imposé,
Puisque les Français, par avance,
Avaient souhaité le rejeter.

Le rôle de l'élu en place
N'est pas de voter de la sorte
Que son vote annule et remplace
Les voix de ceux qui l'ont nommé.
Mais, au contraire, qu'il conforte
La voie du suffrage exprimé.
L'élu qui, par son vote, efface
Le vote du peuple électeur,
En lui faisant perdre la face,
Perd son droit d'être serviteur,
Ce droit de représentation
Qui fait l'élu de la Nation.

S'il vote contre la Cité,
L'élu qui sort de sa mission
N'a plus la légitimité
Que son mandat lui conférait :
Il se met lui-même aux arrêts.

Le Parlement n'est pas fondé
À recaler ses électeurs ;
Qu'a-t-il à craindre à demander
À la Cité, à ses lecteurs,
Aux citoyens, de vérifier
Que le Texte est bien modifié
Conformément aux objections
Introduites par la nation ?
N'est-ce pas là ce dont s'assure,
Après la motion de censure,
Un groupe lorsqu'au Parlement
On propose un amendement ?
Faut-il pointer à son endroit
Un autre 49-3,
Pour que le peuple se démette
Au nom de la raison d'État
Et, contre son gré, se soumette
À son *patria potestas* ?
Très peu pour lui, très peu pour moi :
La Voix du peuple, c'est La Voie.

Que le peuple ait raison ou tort,
N'est pas le sujet : la question

Ne porte ici que sur l'accord
Du peuple, et sur sa position.

Qu'elle soit ou non discutable,
La position de la Cité
Ne peut pas être contestable
Après que le peuple ait voté.

Si l'on demande son avis
Au peuple, il faut le respecter,
Cet avis doit être suivi
Par ceux qui l'ont sollicité.
Toute autre considération
Est nulle et superfétatoire :
La volonté de la Nation,
Quand bien même contradictoire
À ce qui est son intérêt,
Est un irrévocable arrêt.
Son pouvoir est le couperet :
Celui de la chose votée.
Et de toutes les volontés,
Celle du peuple est la préfète.
Le peuple a dit ce qu'il souhaitait,
Le peuple a dit ce qu'il votait :
Soit ! Que sa volonté soit faite.

Ou que l'on dise au peuple en face
Que l'on ne compte plus sur lui

Pour rien, ou juste pour qu'il fasse
Où on lui dit de dire « Oui » ;
Qu'il faut définitivement
Qu'un peuple cesse à tout moment
De se mêler de ses affaires,
Que ce sont choses qui affèrent
À présent exclusivement
Aux membres des gouvernements
Qui seront élus pour ce faire :
Non pour servir mais commander ;
Qu'un peuple sert à décider
Qui va décider à sa place ;
Que c'est aux élus de guider
Le destin de la populace ;
Et qu'en changeant de quinquennat,
De César ou bien de Sénat,
On déléguerait comme à Rome
À un tyran les Droits de l'Homme.

Mais qu'advient-il du citoyen
Si, face au pouvoir souverain,
Il n'est politiquement rien
Qu'un esclave ou qu'un pérégrin ?
Le peuple est l'autorité même ;
Il est l'autorité suprême :
*De minimis* (pour des broutilles),
On sollicite un juge à tort.
Le peuple depuis la Bastille,

Est le suprême *Praetor.*
Puisqu'en France nul n'est censé
Ignorer la loi des Français,
Si l'on donne au peuple à juger,
C'est que la chose est d'importance.
Le peuple est la plus haute instance,
De ce fait, s'il s'est engagé,
Quelles que soient les circonstances,
Sa voix ne peut être abrogée
Que par sa propre volonté.
Pouvoir de la chose jugée
Par le peuple qui a voté :
Nul n'a le droit de contester
Ce pouvoir dans la société,
Ni le droit de se prévaloir
D'une erreur de gouvernement
Qui aurait été de vouloir
Soumettre au peuple un jugement.
Qui peut dire aujourd'hui ceci
Et se prétendre démocrate ?
Qui peut parler comme Socrate,
Et dénigrer le peuple ainsi ?

Qui peut dire à ses électeurs :
« Vous n'êtes pas à ma hauteur
Et vous n'aurez force de vote
Si vous dites comme moi » ?
Ce sont là façons de despote.

La voix du peuple, c'est la loi.
L'élu doit agir en son nom,
Qu'il l'approuve ou la désapprouve,
Et non lui donner le canon.
Lorsque le peuple se retrouve
Dans ses droits, même s'il dit non,
L'élu doit faire respecter
La populaire volonté.

Avis à la Population :
A-t-on vu qu'un élu critique
Les décisions de la Nation
Qui lui confie sa politique ?
La France doit-elle endurer
Que son élu la désavoue
Au point de vouloir ignorer
Sa volonté aux yeux de tous ?
Que, ce faisant, l'élu se voue
À quelques intérêts occultes
Qui, en France comme partout,
La volonté du peuple occultent ?
Si d'aucun s'était mis en quête
D'outrepasser la volonté
De la France, alors c'est sa tête
Qu'il s'expose à faire tomber.
Pour ce, pas besoin de gibet :
Tout fonctionnaire en résidence
Ne se conduisant comme il sied,

Même s'il est en présidence,
Doit pouvoir être licencié.

De ce point de vue, la Nation
Doit agir comme le privé
En conseil d'administration.
Un « Conseil de population »
Le plaçant en minorité
Mettrait le Président à pied
Par le biais de son Parlement,
De ses syndicats, ses troupiers,
Ou de son peuple, évidemment.
Rien n'empêche, sur le papier,
Ce que j'écris de se produire.
Et nul n'a le droit de forcer
Le peuple, ou de mal le conduire,
Même Président des Français.
Qu'il soit écrit dans les annales
Par la voix de ses députés
Qu'un jour l'Assemblée nationale
Peut à nouveau se révolter,
Et faire tomber qui de droit
S'il se comporte comme un roi,
Conduire au nom de la Nation
Encore une révolution :
Se proclamer constituante
Alors d'une autre institution,
Et rendre à la France votante
République et Constitution.

Je sens les poils qui se hérissent
À la vision *sui generis*
D'un monde où l'Homme est responsable,
Où l'Homme n'est pas ce démon
Que l'on décrit dans le monde
Comme un être déraisonnable.
Mais je crois en l'Homme, et voilà !
Pardon, car c'est comme cela
Que je veux miser sur sa chance
Un jour, par le sang et le lait,
De redevenir ce qu'il est
Dans mon esprit ; ou par essence.

« Voyez un peu l'idéaliste ! »,
Hurle un loup au rêveur naïf,
Au marxiste confucianiste,
Enfant d'Érasme et de Baïf.
« Gare aux Renart qui font des rimes,
Troublent les mots pour y voir clair !
Aux raisonnements cacochymes
Qui boitent sans en avoir l'air ! »

Maître Renart qui se rebelle,
De répondre à son suzerain :
« Voilà bien de mon Ysengrin,
De sa vision bête et cruelle !
Que dire au Grand Esprit Chagrin
Sans trop verser dans l'écuelle

De grain à moudre en son moulin ?
Je dirai donc au châtelain,
En simple Goupil des ruelles,
Que si l'Homme a l'esprit malin
Il est bon que l'on se méfie
De ceux à qui l'on se confie...
Je suis renard, je sais la ruse,
Comme le singe la grimace,
Je sais l'âme humaine confuse,
Qu'elle soit d'un seul ou de masse.
Pour ce, l'Homme, même Roy Lion,
Doit répondre de ses actions
Et ne pas en être exempté
Par quelque subsidiarité. »

Que l'âme humaine soit vilaine
Ou belle n'est pas la question,
Mais que mouton fasse attention
À qui vient lui manger la laine,
Même berger de la Nation...
Usant des points de suspension
Pour briser là ma digression,
J'en laisse libre la lecture,
Mais campe sur ma position :
Je m'oppose à la dictature,
Qu'elle soit du prolétariat,
Ou quelle que soit sa nature,
D'un seul homme, ou bien d'un État.

Le peuple reste dans son rôle
En contrôlant ses gouvernants ;
Et quand le pouvoir d'un seul frôle
Celui du mâle dominant,
Peu importe alors la manière
Dont le contrôle est exercé,
Car tous les Nixon de la Terre
Se doivent d'être renversés,
Car la République est la meute
Où nul n'a droit de dominer.
Si le Lion redoute l'émeute,
Qu'il gouverne donc sans régner.

Vous allez bientôt comparaître
Au grand tribunal de la Rue.
Il vous faudra dès lors, pour être
Absous, vous montrer moins bourru.
Il vous faudra enfin comprendre
Que ce que veulent les Français,
C'est la république, et leur rendre,
Monsieur, de bon gré ou forcé.

La voix du peuple est souveraine.
Il faut revenir, c'est urgent,
Aux bases des lois présidant
À la quête républicaine,
Qui est bien le bonheur des gens,
Non celui du seul président.

Il faut que les lois qui président
Au mandat de votre élection
Restent les lois en quoi résident
Les principes de la Nation,
Et qu'aucun des dix-sept préceptes
Fondant notre Constitution
Ne cautionne que l'on accepte
Aujourd'hui leur abolition.

Il faut que le peuple conserve
Sa souveraine autorité,
Il faut que ceux-là qui la servent
Soit élus et non cooptés,
Que soient séparés les pouvoirs
Comme le veut l'article 16
De la Déclaration française
Des droits de l'homme et ses devoirs,
Que le peuple français reprenne
Les rênes de sa destinée
Et puisse, en reprenant ces rênes,
En confiance les redonner.
Vous avez modifié la lettre
De la Constitution, Monsieur,
Vous êtes donc, dès lors, sans l'être
Le Président, car, à mes yeux,
Nul n'a le droit de modifier,
Pendant la durée d'un mandat,
Le contrat tel qu'il est confié
Par le peuple à un candidat.

Si le contrat est modifié
En cours par le seul mandataire,
Il ne peut pas être adopté
Sans l'aval des deux signataires
Sous peine d'être, évidemment,
Rompu à ce même moment.
Et toute modification
Portant sur la Constitution
Ne peut être au contrat portée
Après que le peuple a voté,
Sans fausser par usurpation
Le vote des populations.

Tout changement ne peut valoir
Qu'appliqué au mandat suivant,
Vous ne pouvez donc pas vouloir
Vous l'appliquer à vous avant.
Le contrat étant modifié,
Le peuple seul peut valider
Et par son vote certifier
Qu'il vous veut pour le présider.
Le peuple qui vous élisait
Pour gouverner à l'Élysée
Vous aurait peut-être dit « Non »
Pour le faire de Matignon.

On ne peut dire sans gruger
Que c'est à vous seul d'en juger

En faisant simplement voter
« Oui » à votre majorité.

Votre augmentation de salaire
N'était pas prévue au contrat !
Et, de mémoire populaire,
L'idée qu'un Président sera,
En plus du bras qui administre,
Celui qui déterminera
En place du Premier ministre
La politique nationale,
Ne fut jamais dans les annales
De la Cinquième République
Imposée en place publique –
Du moins avant votre élection.
Telle ne fut pas la mission
Pour laquelle vous ont placé
À votre poste les Français.
J'ajouterai même en *a parte*
Que votre entrée à l'Assemblée
N'est pas, hélas, sans ressembler
Aux manières d'un Bonaparte.

En manipulant le système,
Vous vous appliquez à vous-même
Ce qui n'est pas une réforme
Mais un changement de la forme
Et, du fond de l'ordre martial,
Vous rompez le contrat social.

Le mandat n'étant plus conforme,
Vous n'êtes donc plus qualifié
Pour en être le mandataire.
Et le changement statutaire
Du mandat qui vous est confié
Repose de fait la question
De votre maintien en fonction.

Ce qui fait la loi des parties,
C'est le contrat ; mais, pour autant,
Le contrat, lorsqu'il est patent,
N'est pas la loi qui l'impartit.
Le contrat doit être conforme
À la loi qui en est le fond,
Et qui jamais ne se confond
Avec le contrat qui se forme.
La loi dit ce qu'il faut entendre
Quand on dit le mal ou le bien :
La loi dira ce qu'on peut vendre,
Et le contrat dira combien.
Un contrat qui, pour de l'argent,
Par exemple, proposerait
Des êtres humains ne serait
Face aux lois qu'un acte outrageant :
On ne peut pas vendre des gens !
C'est dans les limites morales
Actées par les lois générales
Que demeureront régulières

Toutes les lois particulières.
Les contrats sont donc investis
Pour faire la loi des parties,
Mais le contrat que l'on emploie
Ne se substitue pas aux lois.

Voyez dans le Code des baux
Comment chaque propriétaire
Se repère au droit statutaire
À l'heure où il acquiert son lot.

Lorsqu'un élu passe contrat
Avec toute une société,
La loi générale sera
Celle en vigueur dans la Cité
À l'heure où le peuple a voté :
Celle en vigueur pour la Nation
Au moment de son élection.
Si l'élu modifie la loi,
Usant des moyens que lui donne
Le peuple, alors il va de soi
Qu'il ne peut sans changer la donne
Changer la loi qui aboutit
Au contrat entre les parties.
Il conteste la volonté
Du peuple après qu'il a voté.
Et c'est pourquoi vous ne pouvez
Agir ainsi que vous le faites.

Et c'est pourquoi vous vous trouvez
Abusivement à la tête
D'un État que vous contestez.
Comble, ce sont les députés
Que vous chargerez de voter
Contre le contrat qui vous lie
À la Nation qui vous élit,
Alors qu'ils sont, dans leur mission,
Tiers, Monsieur, à votre élection !
N'est-ce pas trop d'aberration
Sous couvert de démocratie ?
Vous dites non, je dis que si :
Qu'en dirait le peuple aujourd'hui ?
Consultez-le : demandez-lui !
Contesteriez-vous désormais
Au peuple sa grande sagesse,
Lui qui dans sa grande largesse
Vous a dit « Oui » sans dire « Mais » ?
En vous nommant, ce mois de mai,
Pour gouverner l'institution,
Êtes-vous sûr qu'il vous nommait
Comme on se rend sans condition ?

En faisant donc suivre d'effet
Pour vous les modifications
Portées à la Constitution,
Vous avez donc rompu de fait
Votre pacte avec la Nation.

Et pour couronner tout cela,
Si j'ose dire à Vaugelas,
Vous faites porter le barda
Par des sénateurs sans mandat.

Au lieu de garantir l'État
Contre les abus et les crimes,
Vous faites sceller vos diktats
Par des élus illégitimes.[2]

En bafouant la règle ainsi,
Monsieur, par vos agissements
Vous abolissez purement,
Simplement, la démocratie :
C'est ce que le peuple français
Ne pourra jamais accepter,
Et c'est pourquoi, Monsieur, je sais,
Qu'il va bientôt se révolter.

Les Français en font le constat
Comme celui de votre échec :
Remportez donc ce coup d'État,
Vous n'irez pas très loin avec.

Le peuple se barricadant
Chez lui, Monsieur le Président,
N'attendra plus quatre décades
Pour sortir de ses barricades.

---

2. Lire l'explication sur les élections sénatoriales (p. 73).

Que sert aujourd'hui de voter
En France pour un député
Puisque le traité de Lisbonne
Lui ôte les droits qu'on lui donne,
Puisque la loi européenne
Sera opposable aux nations
Et condamnera aux géhennes
Le vote des populations ?

Que sert d'élire un député
S'il perd son pouvoir de voter
Au profit de quelques porteurs
Du mandat de prince électeur ?
Je vois là, faut-il le redire,
Comme un retour au Saint-Empire,
Et, dans votre façon de faire,
Comme un air de 18 Brumaire.

Vous voulez des pays sans peuple
Et des États sans société,
Que tout se vide et se repeuple
De morales identités.
N'est-ce pas plutôt amorales
Que j'aurais dû dire en posant
Aux gouvernements abusant
Des peuples la question orale ?

Vous voulez des consommateurs
Inféodés à la dépense

Élisant le prince électeur
Pour qu'en leur lieu et place il pense.
Assez, Monsieur, je vous en prie,
Assez de cette mascarade.
Voici la grande Jacquerie,
Voici le temps des camarades.
Le peuple vous montre les dents,
Montrez-lui, ne vous en déplaise,
Qu'on peut être un bon président
De la République française.
Rejoignez le peuple en faisant
Vers lui le pas qu'il a su faire
Vers vous lorsqu'en vous élisant,
Il vous a confié ses affaires.
N'abusez plus de ce mandat
Dont vous avez faussé la donne,
Si vous voulez en candidat
Que dans quatre ans l'on vous pardonne.

Vous avez tout pour être grand :
Ne vous abaissez plus à faire
Ce contre quoi nos grands-parents
Et nos parents ont fait la guerre.

Écoutez-moi, je vous en prie,
Écoutez la voix du poète,
Entendez quand le peuple crie,
Et ne détournez plus la tête.

Si d'antiques démocraties
Nommaient parfois un dictateur
Pour vaincre au nom des électeurs
La crise, soyez celui-ci.

Mais n'oubliez jamais que si
Ce pouvoir vous était prêté,
On se doit, en démocratie,
De le rendre à qui l'a voté,
Que ce pouvoir a pour mission
La protection de la Cité
Et pas la fin de la Nation
En tant que peuple et société.
C'est ainsi que le profit qui
Vous viendrait de cette gérance,
Serait un profit mal acquis,
Un bien dérobé à la France.
Et ceux qui en bénéficient
Quand votre pouvoir légifère
Piétinent la démocratie
En vous mêlant à leurs affaires.

Le profit du plus riche augmente,
Et le plus riche est votre ami,
Et votre gestion alimente
L'idée que vous êtes commis
Au mépris des classes moyennes,
Au détriment des plus petits,
Contre les valeurs citoyennes,

À l'avancement des nantis.
La France y a perdu au change,
Car votre générosité
Envers le plus riche, en échange,
Ne vous aura pas crédité
Du point de croissance escompté :
Le riche est encore plus riche,
Et le pauvre moins assisté ;
La classe moyenne est en friche,
Semant sans jamais récolter.

La République vous appelle
Et vous ne faites qu'attiser
Le feu, que lui tendre la pelle
Pour creuser sa tombe, creuser.

Il ne faut plus voir à court terme
Le salut des rois de l'argent,
Mais voir plus loin ; en d'autres termes,
Redonner le pouvoir aux gens,
Celui d'organiser eux-mêmes
La vie de tous dans la cité,
Et de chacun dans le système
En faisant une société.
Et si le peuple européen
Doit s'unir en fédération,
Que le concert qui est le sien
Soit le concert de ses nations,

Pas le conseil d'une entreprise
Gérant en petits comités
La vie de ceux qui les élisent,
Pour le compte des sociétés…

Le peuple, hélas, ne se révolte
Et ne met son chœur en émoi
Que si sa paie de fin de mois
N'est plus assez bonne récolte.
Mais lorsqu'il se révoltera,
Il faudra lui faire comprendre
Que c'est lui et non plus un roi
En république qui doit prendre
Les décisions pour la Nation,
Que c'est à la population
De se prendre en main elle-même,
Et de poser les conditions
De régulation du système.

Le peuple est à l'heure du choix :
Soit il vous laisse agir ainsi,
Et vous-même vous sacrer roi
Au nom de la démocratie ;
Soit il rétablit de vos mains
La république véritable,
Et, dans un régime équitable,
Il vous confie ses lendemains.
Rêvant aux lendemains qui chantent,

Poète, je suis, il est vrai,
Pour la paix, l'harmonie, l'entente,
Mais s'il faut le combat livrer,
Je n'attendrai pas sous la tente
Que d'autres le livrent pour moi,
Et, contre fortune méchante,
J'irai de bon cœur, hors la loi,
Monter la garde nationale
Et mener la lutte finale !

Je me battrai comme il se doit,
Au nom de la Constitution,
Car c'est mon devoir et mon droit
De résister à l'oppression,[3]
Car ce devoir de résistance
Est le seul droit que l'on voudrait,
En vain, dérober à la France :
Bientôt vous le constaterez.

Je vous le jure et vous le rime :
Rien ne peut vous en dédouaner,
Pour tous vos forfaits et vos crimes,
Un jour vous serez condamné.

Je le dis avec émotion,
Mais ma franchise et ma passion
Sont de notoriété publique.

---

3. Article II de la Déclaration des Droits de l'Homme et du citoyen de 1789 annexée à la Constitution du 4 octobre 1958.

Si elles vous choquent, pardon,
La franchise est dans mon prénom ;
Quant à la passion, je m'applique
À lui donner rime et raison.

J'ai donc choisi pour vous prier
Encore de me satisfaire
Le ton propre et approprié,
Du moins celui que je préfère,
Et sur lequel je vais voter :
Celui de la sincérité.
Je veux croire en l'intégrité
De tous, même croire en la vôtre.
Faites ainsi que vous souhaitez
Qu'envers vous agissent les autres.
Écoutez avec le respect
Que l'on doit à chaque argument :
Si je dis que vous vous trompez,
Je ne dis pas de vous : « Il ment. »

L'un est debout, l'autre s'assied,
Le monde est une métasphère
Où les contraires vont s'allier,
S'unir les avis qui diffèrent,
Car les systèmes mortifères
Vont s'éteindre avec le péché,
Et vous ne pourrez rien y faire :
Vous ne pourrez pas l'empêcher.

## Envoi

Prince dénommé président,
Dressant un constat de carence,
Le citoyen indépendant
Vous somme de rendre à la France
Les pouvoirs qui, se confondant,
Sont d'un monarque entre vos mains,
De restaurer les Droits humains
Et leur place dans la Cité,
De respecter, de mériter
Les votes de la société,
Sur le champ de faire cesser,
Manifestement illicite,
Les troubles que face aux Français
Votre gouvernement suscite,
Et de rendre sa dignité,
Sa vérité à la Nation,
En lavant ses institutions
Des mensonges qui la fourvoient
Au nom du peuple et de ses voix.

Ce texte vaut mise en demeure,
Vous savez ce que c'est, je crois.
Les mots qui sous ma plume meurent
Feront valoir ce que de droit.

## Tornada

Me taisant, je veux rendre hommage
À la Vertu qui fait défaut,
Celle qui monte à l'échafaud
Pour son idéal, à l'image
Du poète décapité
Par la fureur d'un Robespierre.
Je ne vous jette pas la pierre
Ni le gant, mais la Vérité.
Je suis certain que vous saurez
En faire un juste et bon usage,
En montrant de vous le visage
Que je voudrais vous voir montrer.
Je veux, moi, rester anonyme,
Afin que la notoriété
N'abîme point la dignité
Du propos que ma plume anime.
Mais si vous ne voulez entendre
Ce que vous écrivent mes vers,
Si, dans la rue il faut descendre,
Aller visage découvert,
J'irai, pour me faire comprendre
Et, muguet, pousser sur l'hiver…
J'achève en faisant, je l'avoue,
Confiance à votre intelligence
Pour répondre à mes exigences :
Je crois en l'Homme, donc en vous.

Dans l'océan sans lendemain
D'où j'ai sorti, comme l'amphore,
Hors l'encrier des Droits humains,
Cette dernière métaphore,
Je signe au bas du parchemin :
Et vous salue, en attendant,
Bien bas, Monsieur le Président.

Francis Lalanne

# Des élections
## sénatoriales 2008

L'article 25 de la Constitution prévoit : « Une loi organique fixe la durée des pouvoirs de chaque assemblée, le nombre de ses membres, leur indemnité, les conditions d'éligibilité, le régime des inéligibilités et des incompatibilités. »

En exécution de ce texte :

– l'article LO 275 du Code électoral énonçait : « Les sénateurs sont élus pour neuf ans »,

– et son article LO 276 : « Le Sénat est renouvelable par tiers. À cet effet, les sénateurs sont répartis en trois séries A, B et C, d'importance approximativement égale, suivant le tableau n° 5 annexé au présent code. »

En vertu de ces dispositions, un tiers des sièges du Sénat fut renouvelé le 27 septembre 1998 pour une durée de neuf années se terminant le 26 septembre 2007.

En 2003, il fut décidé de modifier la durée du mandat des sénateurs pour la ramener à six années au lieu de neuf.

Une loi organique n° 2003-696 est donc votée le 30 juillet 2003.

L'article 2 de cette loi modifie, en son premier alinéa, les articles LO 275 et LO 276 du Code électoral, désormais ainsi rédigés :

– « Art. LO 275. – Les sénateurs sont élus pour six ans. »

– « Art. LO 276. – Le Sénat est renouvelable par moitié. À cet effet, les sénateurs sont répartis en deux séries 1 et 2, d'importance approximativement égale, suivant le tableau n° 5 annexé au présent code. »

Dans le cadre de la réorganisation exigée par les modifications de la durée du mandat des sénateurs et du renouvellement du Sénat, une loi n° 2004-404 votée le 10 mai 2004 établit, en son article 1er, les tableaux fixant la répartition des sièges des sénateurs pour les élections 2004, 2007 et 2010.

Le 15 décembre 2005 sont votées :

– une loi organique n° 2005-1562 qui prévoit en son article 1er :

« À titre transitoire, par dérogation aux dispositions de l'article LO 275 du Code électoral :

– le mandat des sénateurs renouvelables en septembre 2007 sera soumis à renouvellement en septembre 2008 ;

– le mandat des sénateurs renouvelables en septembre 2010 sera soumis à renouvellement en septembre 2011 ;

– le mandat des sénateurs renouvelables en septembre 2013 sera soumis à renouvellement en septembre 2014 » ;

– une loi n° 2005-1563 « prorogeant la durée du mandat des conseillers municipaux et des conseillers généraux renouvelables en 2007 » qui prévoit en son article 6 :

À l'article 1er de la loi n° 2004-404 du 10 mai 2004 actualisant le tableau de répartition des sièges de sénateurs et certaines modalités de l'organisation de l'élection des sénateurs, l'année : « 2007 » est remplacée par l'année : « 2008 », et l'année : « 2010 » est remplacée par l'année : « 2011 ».

En vertu de ces textes, les élections renouvelant le mandat des sénateurs élus le 27 septembre 1998 se sont tenues le 21 septembre 2008, soit au bout de dix années au lieu de neuf, et les sénateurs élus en 1998 ont exercé leur mandat une année supplémentaire et ont notamment participé à deux congrès réformant la Constitution les 4 février 2008 (traité de Lisbonne) et 21 juillet 2008 (réforme de la Constitution).

Il apparaît cependant qu'aucun texte n'a prorogé leur mandat au-delà du délai des neuf ans initialement prévu.

En effet, la loi organique prévoit seulement que « le mandat des sénateurs renouvelables en septembre 2007 sera soumis à renouvellement en septembre 2008 », mais ne précise à aucun moment que ce report des élections sénatoriales entraîne une prorogation du mandat des sénateurs, qui, à défaut, a donc pris fin en septembre 2007.

### À titre subsidiaire

À supposer même que le mandat des sénateurs ait été prorogé de septembre 2007 à septembre

2008, se poserait alors la question de définir le contenu de ce mandat « transitoire ».

En ce sens, dans sa décision n° 2005-529 DC du 15 décembre 2005 relative à la loi organique n° 2005-1562, le Conseil constitutionnel explique :

> Considérant qu'il résulte des dispositions précitées que, dans la mesure où il assure la représentation des collectivités territoriales de la République, **le Sénat doit être élu par un corps électoral qui soit lui-même l'émanation de ces collectivités** ; [...] c'est à juste titre que le législateur organique a estimé que le report en mars 2008 des élections locales imposait de reporter également l'élection de la série A des sénateurs **afin d'éviter que cette dernière ne soit désignée par un collège en majeure partie composé d'élus exerçant leur mandat au-delà de son terme normal,**

rappelant ainsi le principe qu'un élu dont le mandat est prorogé au-delà de son terme normal *n'est plus l'émanation de ses mandants* et ne peut donc pas exercer, durant cette période de prorogation, tous les pouvoirs inhérents à son mandat, mais seulement certains d'entre eux. Il reste alors à définir lesquels.

À titre d'exemple, la question se pose de savoir si :

– alors qu'un maire ou un conseiller municipal ne peut pas, dans le cadre de la prorogation de son mandat, élire un sénateur au motif qu'il n'est plus l'émanation des collectivités,

– un sénateur pourrait, dans le cadre de la prorogation du sien, participer à une réforme de la Constitution qui est un acte beaucoup plus important en ce qu'il touche à la loi fondamentale, alors qu›il n'est plus, du fait de l'expiration de son mandat « normal » (donc pour les mêmes raisons que les maires ou conseillers municipaux), l'« émanation des collectivités territoriales de la République ».

En effet, la prorogation du mandat au-delà de son terme normal fait passer celui qui l'exerce du statut d'« émanation de ses mandants » à celui d'« émanation de la loi », puisque c'est d'elle qu'il tient désormais ses pouvoirs et non plus des électeurs.

La légitimité d'un sénateur qui a été désigné et n'est plus élu cesse dès lors d'être une légitimité républicaine.

## Sur le fond

La Constitution de la V<sup>e</sup> République est votée en 1958. À compter de cette date et jusqu'en 2001, aucune élection parlementaire n'est reportée.

La question de la prorogation des mandats parlementaires se pose pour la première fois en 2001, lorsque le gouvernement de l'époque s'aperçoit qu'en 2002, les élections législatives précéderaient de quelques semaines les élections présidentielles, et estime souhaitable que l'élection présidentielle précède les élections législatives.

À cet effet est votée une loi organique modifiant l'article LO 121 du Code électoral et prorogeant le mandat des députés de onze semaines.

Cette loi organique est précédée d'une décision du Conseil constitutionnel en date du 9 mai 2001 (décision n° 2001-444 DC) qui explique en son considérant n° 3 : « [...] le législateur organique, compétent en vertu de l'article 25 de la Constitution pour fixer la durée des pouvoirs de chaque assemblée, **peut librement modifier cette durée** [...] **sous réserve du respect des règles et principes de valeur constitutionnelle** », ce qui, curieusement, apparaît comme une dénaturation de l'article 25 de la Constitution.

En effet, aux termes des principes généraux du droit, tout contrat ou engagement est soit à durée déterminée, soit à durée indéterminée.

Lorsqu'il est à durée déterminée, il se termine de plein droit à son échéance, et lorsqu'il est à durée indéterminée, chaque partie peut y mettre fin moyennant un préavis raisonnable.

En ce sens, l'article 25 de la Constitution, lorsqu'il énonce : « une loi organique **fixe** la durée des pouvoirs de chaque assemblée, le nombre de ses membres, leur indemnité, les conditions d'éligibilité, le régime des inéligibilités et des incompatibilités », décrit le mandat parlementaire comme devant impérativement être à durée déterminée, donc prenant fin de plein droit à l'échéance fixée au moment où est délivré ce mandat, c'est-à-dire au moment des élections appelées à renouveler une assemblée.

En revanche, énoncer, comme le fait le Conseil constitutionnel, que le législateur organique « peut **librement** modifier cette durée sous réserve du respect des règles et principes de valeur constitutionnelle ; qu'au nombre de ces règles figure l'article 3, en vertu duquel le suffrage est toujours universel, égal et secret, qui implique que les électeurs soient appelés à exercer, selon une **périodicité raisonnable**, leur droit de suffrage », revient à affirmer que la durée des pouvoirs d'une assemblée, déjà élue, est indéterminée puisque le législateur organique peut **librement**, c'est-à-dire à tout moment, la modifier tant qu'il respecte le principe d'une « **périodicité raisonnable** » en lieu et place de celle fixée au moment où a été élue l'assemblée actuelle.

Ainsi, lorsqu'un électeur élit un député, il pense, benoîtement, que c'est pour une durée de cinq ans, comme le prévoit l'actuel article LO 121 du Code électoral, alors qu'en réalité il le fait pour une durée « raisonnable », telle qu'il plaira au législateur organique de « librement » la définir en accord avec le Conseil constitutionnel, donc pour une durée non seulement indéterminée, mais, pire, indéterminable.

On voit bien que cette durée, depuis la création abusive du précédent de 2001, ne cesse d'augmenter :

– onze semaines en 2001 ;

– un an en 2007.

Quelle serait la durée « indéterminable » qui pourrait donc être admise demain par un Conseil constitutionnel, désigné et non élu, comme s'inscrivant dans une « **périodicité raisonnable** » ?

Aucun citoyen français ne peut aujourd'hui en avoir connaissance, puisque le Conseil constitutionnel donne au législateur organique un droit que la Constitution ne lui a jamais octroyé, soit non plus celui de fixer la durée des mandats, mais celui de la modifier « librement », donc arbitrairement et à volonté.

Il ne semble pas que tel ait été l'état d'esprit des Français lorsqu'ils approuvèrent la Constitution en 1958.

En tout état de cause, quelle que soit la durée à venir d'un mandat électif dans la République française, il ne peut être admis, en accord avec tous les principes fondant la République, que sa durée ou son contenu soient modifiables en cours d'exécution, sauf à rompre avec le contrat social.

---

\* Il s'agit de l'article 16 de la Constitution du 4 octobre 1958, qui donne des « pouvoirs exceptionnels » au président de la République en période de crise, et celui de la Déclaration du 26 août 1789 des droits de l'homme et du citoyen, citée dans le préambule de la constitution, dont le Conseil constitutionnel a reconnu en 1971 la valeur constitutionnelle.

# Articles 16*

Autant que la loi puisse l'être,
Il faut l'appliquer à la lettre,
Non selon l'interprétation
Et les besoins d'une faction.
J'attire donc votre attention
Sur toutes les contradictions
Pullulant dans nos propres textes
Et qui, en fonction du contexte,
Peuvent conduite le Malin
À user du droit sibyllin.
Exemple dans la Loi française,
S'opposent deux articles 16 :
Le premier dit que les pouvoirs
Ne peuvent être confondus,
Et le second nous fait savoir
Qu'ils le peuvent, bien entendu,
Si la raison d'État l'exige.
De là va naître le litige,
Car la raison d'État ne peut
Être la raison d'un seul homme.
Et c'est à tort que peu à peu
Il s'est fait qu'ainsi on la nomme.
Prenons garde à ce glissement
Qui menace aujourd'hui la France,
Qu'il ne la jette dans l'errance
Et l'abus de gouvernement.
C'est bien cela qui nous menace
Et il nous faut vite en sortir.
Notre pays est dans la nasse.
Le responsable doit partir.

# Vingt ans après

Mes chères Lectrices, mes chers Lecteurs,

En apprenant la condamnation de Nicolas Sarkozy, j'ai voulu relire l'annonce que je lui en avais faite à Paris après qu'il eut désavoué le vote du peuple français contre le traité constitutionnel de l'Union européenne.

J'ai soudain réalisé que j'aurais pu écrire ces vers aujourd'hui et les adresser au roitelet républicain qui se prétend actuellement « Président des Français » sans en changer un mot, car leurs noms sont parfaitement interchangeables.

Il en sera de même d'ailleurs pour leur destin respectif, car l'actuel occupant de l'Élysée aura lui aussi à répondre un jour des crimes qu'il a commis. Et il sera lui aussi condamné ou puni pour le mal qu'il a fait à notre peuple et à notre pays.

J'ai réalisé également que, dans le monde politique, aucun souverainiste ou se présentant comme tel n'avait entrepris de faire valoir en justice la nullité du traité constitutionnel européen.

Vingt ans après le vote des Français contre le projet de Constitution pour l'Europe, il est encore temps de faire valoir leur choix et respecter leur première volonté.

Je reprends donc la plume pour une ultime mise en demeure.

# Mise en demeure

Françaises et Français, Lectrices et Lecteurs,
Sénateur, député, électrice, électeur,
Voici, vingt ans après, que ma mise en demeure
Est laissée au courrier du palais où demeurent
Depuis bien trop longtemps les rois républicains.
Le tout dernier en poste est des pires faquins,
Ayant là présidé la gent républicaine,
Mais il n'est rien au fond que l'indigne héritier
De celui pour lequel mes vers furent dictiés.[4]
Non content de servir la caste américaine
Qui répand dans le monde la mort et la haine,
Il trahit pour la seconde fois les Français
En appliquant sans droit, et j'en fais le procès,
Le traité de Constitution européenne
Qui, légalement, ne peut pas être appliqué,
Cela pour les raisons que j'ai bien expliquées
En écrivant ce livre, et que je prends la peine
En rédigeant ce texte, à nouveau d'indiquer.

La présente, en effet, porte à votre attention
Que les deux votes pour la modification
De la constitution française autorisant
La ratification du traité de Lisbonne
N'est pas légale et donc ne peut pas être bonne
Puisque les sénateurs aux deux tiers des présents
N'avaient plus de mandat, donc de droit ce faisant

---

4. NdÉ : mot rare, qui signifie « écrire en vers, compo-
ser » (voir *L'Art de dictier*, d'Eustache Deschamps).

De siéger en congrès et, partant, de voter,
Leur vote ne pouvant donc faire autorité.

Étant établi que pour entrer en vigueur,
Le texte du traité devait être voté
Par les États nations à l'unanimité
Et que le vote de la France fut un leurre,
Le protocole ayant été ainsi tronqué,
Ce traité ne pouvait pas être ratifié.
C'est frauduleusement qu'il fut authentifié,
Et ne peut, à ce titre, pas être invoqué.

Toutes les décisions qui sont intervenues
Au nom de ce traité adopté par défaut
Sont donc à ce jour nulles et non avenues.
Qui veut s'en prévaloir fait usage de faux.

Le Président français est l'un de ces faussaires
Comme ceux qui, juste avant lui, s'en défaussèrent
En accréditant ce trouble à l'ordre public
Et en discréditant ceux qui le dénoncèrent.
Il s'en fait le complice, il s'en fait le fauteur,
Il n'est plus le président de la République,
Mais traître à la patrie et prévaricateur.
Il est donc le Panulphe,[5] il est donc l'imposteur,
Le frauduleux pasteur d'une fausse encyclique...
Pour les mêmes raisons, députés, sénateurs
Qui s'abstiendraient ou refuseraient de voter
Pour la destitution du présent dictateur,

5. NdÉ : premier nom de Tartuffe.

Devraient être à leur tour empêchés, écartés
Du pouvoir, déclarés de part leur adhésion
Traîtres à leur patrie par voie de collusion,
Et coupables, dès lors, de haute trahison.
Ils doivent eux aussi être mis en prison,
Car c'est traîtrise que la prévarication –
Manquement de l'élu à ses obligations
Que nos institutions désignent comme faute,
La plus grande qui soit, la pire, la plus haute
Et, se manifestant, qui réclame sanction.
Je le répète au nom de la population :
Ceux qui n'œuvreraient pas pour la destitution
Trahiraient leur mandat, trahiraient la Nation.
Tout comme leur monarque, à la bonne et même
                                        heure,
Il faudrait les démettre alors de leurs fonctions.
Par la présente, je les mets donc en demeure
D'ordonner la saisine de la Haute Cour.
Et pour qu'enfin ne soit plus donné libre cours
Au pouvoir absolu, d'agir dès aujourd'hui
Pour qu'enfin la représentation nationale,
Nonobstant les futures poursuites pénales
Dont il fera l'objet, dont il sera instruit,
Destitue le tyran en usant contre lui
Des moyens que prévoient l'article 68.
Pour cela, l'Assemblée doit se mobiliser.
Elle en a le pouvoir : il suffit d'en user,
Car elle a le devoir dès lors de l'exercer,
Le devoir de le faire, et chaque élu le sait,

C'est le vœu de la France, il faut donc l'exaucer
De par le parlement pour le peuple français.

Chaque chef de parti s'accorde à claironner
Que le dit « président » devrait démissionner ;
Et tous dans l'hémicycle ou bien par voie de presse,
Le déclarent dès lors inapte à gouverner.
Pourquoi tergiverser, attendre ? Le temps presse !
Faut il que nous perdions encore deux années,
Alors que ceux qui lui demandent de partir,
Peuvent dès aujourd'hui, comme c'est leur devoir,
Le démettre sans qu'il n'ait à y consentir,
En le destituant, lui ôter ses pouvoirs ?

Qu'on ne me dise pas que c'est pire chaos
Que d'en éliminer le premier responsable :
C'est lui qui l'a créé, il en est le coupable.
En quoi serait-il pire qu'il fût mis K.-O. ?
En quoi serait-il pire d'ôter du bateau
Celui qui l'a mené tout droit vers la tempête ?
C'est lui, et pardonnez-moi si je me répète,
Qui nous entraîne et nous fait sombrer dans cette
eau.
Il est bon quand la route devient incertaine
De reprendre la barre au mauvais capitaine.
Il n'y a rien de mieux à faire en vérité
Que de reprendre en main ce qu'il nous a ôté,
Et de se départir de qui nous a trompé.
Comment se peut-il donc que ceux-là qui réclament

Une élection présidentielle anticipée
Soient les mêmes qui refusent jusqu'au principe
De la destitution chaque fois qu'on l'excipe,
Chaque fois qu'on la prône ou qu'elle est évoquée,
Alors que c'est leur seul moyen de provoquer
L'élection en question, le seul moyen possible,
Le seul qui soit donné au corps législatif,
Le seul hors du contrôle de l'exécutif ?
Gageons que la posture est incompréhensible
Ou, c'est peu de le dire, sujette à caution.
J'en appelle au bon sens de la population :
Vise-t-on à côté pour atteindre la cible ?

La destitution est, au contraire, un moyen
De rendre son honneur au peuple citoyen
En réhabilitant l'image moribonde
Que désormais la France affiche aux yeux du
                                                                    monde.

Enfin, pour clore là mon interpellation,
Je répondrai à ceux dont l'ultime argument
Pour contrer les partisans de l'empêchement
Est d'y voir un danger pour nos institutions,
Que si nos textes prévoient ce cas de figure,
C'est bien sûr parce qu'ils en acceptent l'augure.
Vouloir prétendre que le fait d'y recourir
Serait porter atteinte à la Constitution
Et faire s'effondrer son administration,
L'exposer à un risque à ne pas encourir,

Me semble l'expression d'une pensée oblique
D'un contresens ou d'une contre-vérité,
Car c'est vouloir ainsi pour le moins réfuter
Le bon fonctionnement de la chose publique ;
Vouloir s'en prévaloir pour mieux le contester,
Car c'est donc au contraire et en toute logique
Un signe, pour nos règles, de bonne santé,
Que d'être bien suivies, que d'être respectées,
Que d'être utilisées à meilleure fortune
Et non présentées comme étant inopportunes
Par ceux, au demeurant, qui les ont édictées.
De qui se moquent donc ceux qui sont le recours
Du peuple à l'Assemblée en tenant ce discours,
Qui demandent au Président de s'en aller,
Mais refusent que le destitue l'Assemblée ?

Comment ne pas dès lors voir une collusion
Entre factions rivales donnant l'illusion
D'une opposition qui, n'étant pas ce qu'elle est,
Apparaît clairement comme étant contrôlée ?
Élus, vous qui siégez dans les deux assemblées,
Ne prenez plus les gens pour des niais s'il vous plaît,
Ne faites plus semblant de vous mobiliser
Pour neutraliser l'occupant de l'Élysée.
Ce qu'il ne veut pas faire et que vous éludez,
Faites-le plutôt que de le lui demander.
Convenez que votre position est confuse,
Démissionnez-le donc puisque lui s'y refuse !
Qu'on ne nous parle plus ni de dissolution

Ni d'une démission qu'il ne donnera pas.
À présent, le tyran doit être mis au pas
Et, pour cela, je ne vois que trois solutions :
– La destitution par voie constitutionnelle,
Ou de façon tout aussi institutionnelle ;
– Après référendum, s'il se prononce pour,
Soit en dernier moyen, soit en dernier recours,
Si les élus du peuple ne veulent rien faire
Et, plutôt que de servir le peuple, préfèrent
Suivre l'usurpateur, se soumettre ou se taire.
– Par mobilisation du pouvoir militaire,
Dont le devoir est de protéger la Nation.
Mais, hélas, les élus pris dans l'ordre sectaire,
Feront toujours passer l'intérêt du parti
Avant le seul qui devrait leur être imparti
Et qu'ils devraient servir : celui de la Patrie.

Quand l'élu ne joue plus son rôle élémentaire
Et que les droits humains ne sont plus garantis,
Que peut faire la citoyenne confrérie
Si ce n'est s'en remettre aux forces militaires ?

Quand le peuple a perdu sa souveraineté,
L'Armée seule peut garantir la sûreté
Et se doit pour le peuple de serrer les rangs,
D'arracher le pays aux griffes du tyran.

La sûreté est un droit humain proclamé,
Et lorsque l'ennemi réside à l'intérieur,
Il relève donc de l'intérêt supérieur

De l'État qu'il en soit protégé par l'Armée,
L'Armée qui, procédant à toute arrestation
Nécessaire, organiserait des élections
Conformes aux devoirs d'une démocratie.
Je ne vois pour ma part que ces trois moyens-ci
Pour que la France ne soit plus à la merci
De celui qui veut la jeter comme naguère,
Après l'avoir ruinée, dans l'horreur de la guerre,
Contre ce peuple frère en plus qu'est la Russie.


## Envoi

Françaises et Français, réunissons nos voix,
Refusons de rester plus longtemps sur la voie
Qui de notre pays rallonge les souffrances
Et jette notre peuple dans le désarroi.
Cette mise en demeure est celle de la France
Et faite pour valoir enfin ce que de droit.


Francis Lalanne
Le 9 octobre 2025 à Paris, 16 h 16,
Place Édith Piaf, au café Édith Piaf.

# Table des matières